Norma

A cura di
Anna Biguzzi

Guerra Edizioni

Curatore della collana: Dante Foscari

ISBN 978-88-557-0019-1
Copyright 2007 Guerra Edizioni - Perugia
www.guerra-edizioni.com

Progetto Grafico: salt & pepper - Perugia
Stampa: Guerra Stampa - Guru S.r.l.

sommario

BELLINI, L'UOMO	6
Da Napoli a Milano	7
La fine a Parigi	10
BELLINI E LA SUA EPOCA	14
Suggestioni letterarie	14
I temi belliniani	15
CRONOLOGIA DELLE OPERE	19
IL MONDO DI NORMA	22
La colonna d'Irminio	23
Le fonti	24
La vicenda	25
I personaggi	26
ATTO I	31
scena I - L'attesa della ribellione	31
scena II - Pollione si confida	33
scena III - L'attesa dei Galli	35

sommario

scena VI - L'invocazione di Norma	36
scena V - Amore e pena	43
scena VI - Adalgisa e Pollione	44
scena VII - Il furore di Norma	48
scena VIII - La confessione	49
scena IX - Lo scontro	54
Atto II	63
scena I - Norma vuole uccidere i figli	63
scena II e III - Adalgisa le dà speranza	65
scena IV e V - L'impazienza dei Galli	68
scena VI - Norma spera ancora	69
scena VII - Guerra! Guerra!	72
scena VIII e IX - Pollione catturato	73
scena X - Il confronto fra Norma e Pollione	74
scena ultima - Il sacrificio di Norma e la pena di Oroveso	80
Chiavi	89

Bellini
Bellini

Bellini, l'uomo

Vincenzo Bellini nasce a Catania il 3 novembre 1801. La sua è una famiglia modesta, numerosa - Vincenzo è il primo di sette figli - nella quale la musica è pane quotidiano. Il nonno è maestro di cappella del principe ed è ben noto nei salotti della città come cembalista, il padre è organista e insegnante di musica. È proprio l'ambiente adatto per favorire lo sviluppo del talento musicale di Vincenzo che sin da piccolissimo muove i primi passi nel mondo delle note. A tre anni suona già il pianoforte e a sei compone una cantata sacra. Da adolescente è ben accolto ovunque nei salotti catanesi anche perché è bello e gentile, oltre che bravo e fertile compositore di musica sacra e profana.

La svolta decisiva si ha nel 1819 quando gli viene assegnata una borsa di studio della durata di quattro anni per completare la formazione musicale. Bellini si trasferisce a Napoli, capitale del Regno delle Due Sicilie sotto Ferdimamdo di Borbone e centro musicale di importanza europea. La tradizione napoletana sia nel teatro d'opera sia nella musica strumentale era molto forte e conosciuta ben oltre i confini del Regno; uno dei maestri di Bellini, lo Zingareelli, allora molto noto, lo stimola ad approfondire lo studio dell'opera napoletana da un lato e della musica strumentale di Franz Joseph Haydn e Wolfgang Amadeus Mozart dall'altro.

Risale a questo periodo l'idillio con Maddalena Furnaroli, un amore avversato dal padre di lei, un magistrato che, con un certo disprezzo, vedeva in Bellini nient'altro che un "suonatore di cembalo". La giovane morì precocemente, in memoria di lei e del proprio amore sfortunato Bellini avrebbe musicato la celebre, malinconica canzone in dialetto napoletano "Fenesta ca lucive" (Finestra che eri illuminata) ancora oggi molto famosa.

Nel 1825 conclude gli studi musicali presentando nel teatro del Conservatorio la sua prima opera, *Adelson e Salvini*, lodata da Donizetti e replicata per un anno intero tutte le domeniche. L'anno successivo l'opera *Bianca e Gernando*, scritta per il Teatro S. Carlo, ha un'accoglienza calorosa, al di là di ogni aspettativa, tanto che il re, contravvenendo all'etichetta, applaude un duetto. È curioso ricordare un intervento della censura sul titolo: l'opera doveva chiamarsi *Bianca e Fernando*, ma l'autore fu costretto a modificare il nome del protagonista per evitare qualunque possibile collegamento della cupa vicenda narrata dal libretto con il re di Napoli.

Da Napoli a Milano

Il giovane compositore si muove ancora sulle tracce della tradizione operistica ma lascia già intuire la potenza innovativa del suo genio musicale. E infatti il grande impresario Barbaja - che aveva gestito la fortuna teatrale napoletana di Rossini -

lo intuisce perfettamente. Egli commissiona a Bellini un'opera
per il Teatro alla Scala, per la quale aveva già scritturato grandi
interpreti: erano il soprano Méric-Lalande, il tenore Rubini -
che eseguirà anche altre opere di Bellini - e il basso baritono
Tamburini. La nuova opera, *Il pirata*, va in scena nel 1827.
L'autore del libretto è Felice Romani, che collaborerà con il
compositore per tutte le opere successive, esclusa l'ultima.
Il battesimo milanese è un trionfo per Bellini che entra così
nel mondo musicale internazionale. L'opera diverrà un cavallo
di battaglia del tenore Rubini.

A Milano Bellini conosce l'editore Giovanni Ricordi, viene
accolto nei salotti della nobiltà e riceve subito l'invito a comporre
un'opera per l'inaugurazione del Teatro Carlo Felice di Genova.
Ma invece di un'opera nuova, Bellini presenta nel 1828 un
rifacimento di *Bianca e Gernando* ripristinando il titolo originario
Bianca e Fernando, dal momento che per la Casa di Savoia il
nome Fernando non suggeriva alcun pericoloso collegamento.
In questa occasione conosce Giuditta Turina con la quale avrà
una lunga relazione silenziosamente tollerata dal marito di lei.
Nel 1829 si rappresentano con successo *La straniera* alla Scala
e la *Zaira* a Parma, alla presenza dell'arciduchessa Maria Luisa,
vedova di Napoleone. Nel 1830 presenta con ottimo esito alla
Fenice di Venezia *I Capuleti e i Montecchi*, la storia di Giulietta
e Romeo, ruolo quest'ultimo affidato a un mezzosoprano.

Già in questi mesi si manifesta quella fragilità fisica
che rendeva difficile a Bellini sostenere il ritmo produttivo

che gli veniva richiesto, anche se egli aveva stabilito di non scrivere più di un'opera all'anno e di non assumere incarichi di insegnamento. Per ristabilirsi è ospite in campagna di amici, fra cui il soprano di fama internazionale Giuditta Pasta; l'ambiente sereno e campestre gli ispira la musica di *La sonnambula* che va in scena nel marzo 1831. Nello stesso anno, esattamente il 26 dicembre, *Norma* inaugura la stagione lirica del Teatro alla Scala. Alla prima, *Norma* non ha un grandissimo successo; la tensione e la fatica dei cantanti di fronte a un lavoro per molti aspetti rivoluzionario condizionano le loro prestazioni. Ma già dalle prime repliche l'opera conosce quel successo trionfale che dura ancora oggi in tutto il mondo.

Del 1833 è l'ultima opera scritta in Italia, *Beatrice di Tenda*, presentata al Teatro La Fenice di Venezia con esito non soddisfacente. Bellini dà la colpa dell'insuccesso al libretto e Felice Romani si offende. Si giunge così alla rottura di un'amicizia e di una collaborazione che erano state molto felici.

La fine a Parigi

Invitato a Londra, Bellini si reca prima nella capitale inglese dove trionfano *La Sonnambula* e *Norma* interpretate dalla mitica Maria Malibran, e successivamente a Parigi. Qui è ospite dei maggiori salotti aristocratici e intellettuali, conosce e frequenta gli artisti più in vista, da Rossini a Chopin e Liszt, da Victor Hugo a Alexandre Dumas padre, da Lamartine a Heinrich Heine. A proposito del poeta tedesco, che sull'onda della rivoluzione del luglio 1830 aveva abbandonato la Germania, esiliandosi a Parigi per sfuggire all'oppressione della censura prussiana, vogliamo ricordare un aneddoto riportato dall'Enciclopedia di Catania (http://www.siciliasearch.it/ personaggi): «Quando Heinrich Heine, il bizzarro poeta tedesco, nel salotto parigino di Cristina Trivulzio, principessa di Belgioioso, predisse a Vincenzo Bellini che sarebbe morto giovane, non immaginava certo che quella frase, detta forse soltanto per far dispetto a quel musicista che arrivava dall'estremo sud e che gli era in quel momento piuttosto antipatico perché si muoveva con garbo, con civetteria ed era sempre elegante fino all'affettazione, di lì a qualche anno gli avrebbe procurato la patente di menagramo. Era il 1833.»

Il Théâtre Italien gli commissiona una nuova opera, nascono *I Puritani*, l'ultima fatica del compositore che va in scena nel gennaio del 1835. L'opera ha un successo travolgente e pochi giorni dopo Bellini viene insignito della Legion d'onore e quindi dal re di Napoli delle insegne dell'Accademia Borbonica.

In estate è a Puteaux ospite di una coppia di amici i quali, malgrado il suo precario stato di salute, partono lasciandolo solo. L'Enciclopedia di Catania scrive: «Era il 23 settembre 1835. Al suo capezzale, inginocchiato, soltanto il giardiniere. Samuele Lewis e sua moglie, che gli avevano messo a disposizione la loro casa fin dal suo arrivo a Parigi, erano partiti un'ora prima per ignota destinazione, lasciando morente il loro giovane e celebre amico. Perché? Non s'è mai saputo.» La circostanza fece pensare, in modo peraltro infondato, a un avvelenamento per gelosia. Forse il fantasma di Salieri che avvelena Mozart non era ancora del tutto svanito! La morte solitaria e precoce di un genio sembra poter essere accettata solo se provocata dalla malvagità umana, quasi che la fiamma del genio non possa spegnersi naturalmente.

Il 23 settembre 1835 Vincenzo Bellini aveva poco meno di 34 anni, era ancor più giovane di Mozart.

«Tutto il mondo musicale con Rossini e Cherubini alla testa, si commuove alla sua morte. Nella chiesa degli Invalidi, il 2 ottobre, 350 cantori diretti da Habeneck gli rendevano l'estremo saluto. Solisti erano Rubini, Ivanov, Tamburini e Lablache che tante volte avevano interpretato le sue opere.

Nel 1876, quarantuno anni dopo, la salma di Bellini fu traslata a Catania. Da allora il Cigno riposa nella Cattedrale.»

Comprensione

1. Comprensione

a. Vincenzo Bellini appartiene a una famiglia di musicisti.	vero	falso
b. Il suo talento però si manifesta solo quando è già adolescente.	vero	falso
c. Può continuare gli studi musicali a Napoli diventando maestro di cappella del re.	vero	falso
d. Napoli era allora uno dei centri musicali più importanti.	vero	falso
e. Un amore infelice gli ispira una melodia ancora oggi famosa come canzone napoletana.	vero	falso
f. Conclude il corso di studi presentando una cantata sacra.	vero	falso
g. L'opera *Bianca e Fernando* fu presentata inizialmente con un titolo diverso.	vero	falso

2. Correggi

Completati gli studi musicali a Napoli, Bellini si reca a Genova dove l'impresario Barbaja gli ha commissionato un'opera per La Scala. Rifà *Il pirata* che va in scena con scarso successo. Al teatro di Genova presenta *Beatrice e Fernando* rifatta. L'accoglienza nei circoli musicali milanesi non è favorevole, ma Bellini continua ad avere successo. Nello stesso anno 1831 vanno in scena due opere, *Norma e Beatrice di Tenda*, entrambe con ottima accoglienza. Il musicista trascorre gli ultimi anni a Londra dove frequenta gli artisti più noti. Nell'autunno del 1835 va in scena l'ultimo lavoro del compositore. La sua salma viene immediatamente traslata a Catania, dove riposa.

3. Collega le parti di frasi

1. Essendo nato in una famiglia musicale
2. Poté completare gli studi a Napoli
3. a Napoli dove la vita musicale era
4. Con *Il pirata* ottenne il suo primo successo
5. con questa opera inizia l'amicizia e
6. il quale scriverà anche il libretto
7. L'ultima opera andò in scena a Parigi

a. fiorente e contava molti valenti compositori.
b. pochi mesi prima della sua morte.
c. la collaborazione con Felice Romani,
d. che qui ci interessa.
e. Bellini si accostò sin da piccolo alla musica;
f. al Teatro alla Scala.
g. grazie a una borsa di studio che lo portò

1. _____ 2. _____ 3. _____ 4. _____ 5. _____ 6. _____ 7. _____

Bellini e la sua epoca

Il breve arco della vita di Vincenzo Bellini copre quei trent'anni di inizio 800 che hanno visto in tutta Europa la grande svolta nell'assetto sociale e nel gusto. La società assume caratteri decisamente borghesi e i grandi modelli del Classicismo perdono valore, anche se in Italia essi hanno radici più solide e durature, come è comprensibile.

Vi sono sul piano storico in Italia moti patriottici contro il dominio straniero e a favore di forme più liberali di governo. Ma essi non hanno esiti definitivi e solo il 1848 vedrà il coinvolgimento di più ampie e consapevoli fasce sociali. Eventi che scorrono accanto al giovane compositore, ma che non lo coinvolgono.

Suggestioni letterarie

Parigi apre i salotti a nuove idee provenienti soprattutto dalla Germania, grazie a quel piccolo ma importante libro di Madame de Staël *De l'Allemagne*, pubblicato nel 1810 e subito circolato in tutta Europa. Con molte approssimazioni la scrittrice, fiera avversaria di Napoleone imperatore, traccia i caratteri che differenziano paesaggio, usi, costumi e soprattutto idee di Francia e Germania. Allo spirito fondamentalmente razionale dei Francesi la Staël contrappone la tendenza dei Tedeschi all'introspezione, alla fantasticheria, all'indefinibile e al malinconico ed esalta i pregi di quella sensibilità che sarà chiamata romantica.

A formare questa sensibilità avevano contribuito i *Fragments of Ancient Poetry* pubblicati da Macpherson nel 1765, dove Ossian ricorda con tristezza il glorioso passato delle genti celtiche, e il romanzo epistolare di Goethe *I dolori del giovane Werther*, pubblicato nel 1774 e divenuto immediatamente un bestseller europeo. In Italia Ugo Foscolo scrive nel 1798 *Le ultime lettere di Jacopo Ortis*, il cui modello è il *Werther*, e nel 1806 il carme *Dei sepolcri*, che si ispira alla poesia elegiaca sepolcrale inglese.

Il confronto fra i due poli, quello classico e quello romantico, trova particolare espressione nella poesia di Giacomo Leopardi.

Se gettiamo uno sguardo sulla produzione operistica italiana fra la fine 700 e i primi trent'anni dell'800, vediamo nel 1797 *Medea* di Luigi Cherubini e nel 1807 *La Vestale* di Gaspare Spontini; fra il 1810 e il 1819 Rossini compone 13 opere - *Il barbiere di Siviglia* è del 1816. Più o meno negli stessi anni di Bellini compone Gaetano Donizetti: *Anna Bolena* è del 1830, *L'elisir d'amore* del 1831, *Lucia di Lammermoor* del 1835.

I temi belliniani

Quali sono i soggetti che suscitano l'interesse del compositore e del suo librettista Felice Romani? Non c'è un filone unico, ma in tutte le opere amore, passione e gelosia svolgono un ruolo importante. *Bianca e Fernando*, *Il pirata*, *I Capuleti e i Montecchi* e *Beatrice di Tenda* si svolgono in vari luoghi d'Italia più o meno in epoca medioevale, *La straniera* si svolge in Bretagna nel XIV secolo, *La sonnambula* in epoca indeterminata in Svizzera, *Norma* nella Gallia del I secolo a. C. e *I Puritani* nell'Inghilterra del XVII secolo all'epoca di Cromwell. Le trame sono spesso complicate da travestimenti, riconoscimenti, congiure, ma ciò che interessa Bellini non è lo scenario storico in sé quanto le passioni umane.

Che cosa c'è di romantico in *Norma*? L'atmosfera notturna, l'evocazione di riti celtico-germanici in una natura primitiva, le figure di druidi e bardi sono di chiara derivazione preromantica o romantica al pari della forza con cui sono vissute e musicalmente espresse le passioni.

A guardar bene, un carattere tipicamente romantico si trova nella trama di *Sonnambula*, è la figura del "doppio": Amina non è consapevole di sé quando si muove in stato di trance, l'inconscio prevale sul conscio, anche se la vicenda non ha accenti tragici.

Comprensione

4. Scegli l'affermazione corretta

1. *De l' Allemagne* di Madame de Staël
a. è un pamphlet politico contro Napoleone.
b. è un saggio sulla situazione politica della Germania.
c. presenta i caratteri distintivi dello spirito tedesco.

2. Fra le caratteristiche generali del Romanticismo c'è
a. l'amore per una natura solare e lieta.
b. una rivalutazione del fantastico.
c. l'amore per gli ideali del mondo classico.

3. Il panorama musicale italiano del primo Ottocento vede
a. ovunque il trionfo della musica strumentale.
b. anche la nascita dell'opera con temi romantici.
c. solo il trionfo del teatro d'opera di tradizione.

4. I soggetti scelti da Bellini
a. hanno una forte valenza patriottica.
b. sono tutti fortemente romantici.
c. privilegiano vicende del passato.

5. Completa
I libretti redatti da Felice _____ per Bellini presentano soggetti diversi, nei quali lo _____ storico non ha una rilevanza significativa.

In _____ possiamo riconoscere alcuni caratteri _____, ad esempio la scelta di un paesaggio _____ e di una natura primitiva. Anche personaggi come i _____ e i bardi rientrano nel _____ romantico. L'altra opera in cui emerge un elemento romantico è _____: la protagonista vive fra il mondo del _____, della ragione e quello dell'irreale, dell'_____.

6. Esprimi una valutazione
Quali caratteri del Romanticismo senti più rispondenti alla tua sensibilità e in generale a quella del mondo di oggi? Naturalmente non ci riferiamo solo alle poche linee che abbiamo tracciato nella nostra descrizione.

Prime esecuzioni delle opere teatrali

1825 *Adelson e Salvini* (A.L. Tottola, Napoli, Cons. S. Sebastiano)
1826 *Bianca e Gernando* (D. Gilardoni, Napoli, S. Carlo, rifatta come *Bianca e Fernando* nel 1828)
1827 *Il pirata* (F. Romani, Milano, La Scala)
1829 *La straniera* (F. Romani, Milano, La Scala) - *Zaira* (F. Romani, da Voltaire, Parma, T. Nuovo)
1830 *I Capuleti e i Montecchi* (F. Romani, Venezia, La Fenice)
1831 *La sonnambula* (F. Romani, Milano, Teatro Carcano) - *Norma* (F. Romani, Milano, La Scala)
1833 *Beatrice di Tenda* (F. Romani, Venezia, La Fenice)
1835 *I Puritani e i Cavalieri* (C. Pepoli, Parigi, Théâtre Italien)

Norma
Norma

Il mondo di Norma

L'azione si svolge nella Gallia intorno al 50 a. C., quando da poco è conclusa la conquista di quei territori, iniziata da Giulio Cesare intorno al 58 a.C. e narrata nel *De bello gallico*. Proprio Cesare ci dà sui Galli, tribù appartenenti alle stirpi celtiche, notizie di prima mano riferite da mercanti e prigionieri.

Non esistono fonti scritte autoctone sui secoli preromani, ciò che sappiamo - e soprattutto ciò che si sapeva agli inizi dell'800 - è mediato dalle fonti "straniere" e più tarde che raccontano secondo i propri parametri usi e costumi, tradizioni e riti.

Chi sono i Druidi di cui Oroveso, il padre di Norma, è il capo? Sono autorità religiose, coloro che hanno acquisito la grande sapienza della quercia, albero sacro ai celti. Il termine "druido" significa forse anche il "molto veggente". Essi emanavano precetti e divieti rituali ed esercitavano soprattutto la divinazione, predicevano cioè il futuro interpretando i segni provenienti da fenomeni naturali, dalla raccolta del vischio. Non risulta la presenza di una religione organizzata, di un politeismo paragonabile a quello romano, esistevano entità extraumane e sovrumane che si identificavano con il cavallo, il toro, il lupo, l'orso. I riti si celebravano nella selva sacra, i templi di cui rimangono rare testimonianze risalgono all'epoca romana.

Oltre ai druidi in *Norma* troviamo gli eubagi, anch'essi una casta sacerdotale druidica, e i bardi. Questi, erano poeti guerrieri alla corte dei capi delle tribù germaniche di cui celebravano le imprese e ricordavano il passato glorioso.

Non era difficile fantasticare su questo mondo barbarico, notturno, dove anche le passioni avevano una forza primitiva. Scrive Giorgio Vigolo in un articolo comparso il 21 maggio 1973 sul *Corriere della sera*:

«La colonna d'Irmino

Ma che cosa era propriamente questo Irminsul? Era il nome di una località, come dire la foresta di Fonlainebleau o di una divinità, come la foresta di Giove? Si trattava invece di una colonna o sia pure di un rozzo e nudo troncone di quercia, e cioè della *Irminsäule*, la colonna di Irmino. Irmino sarebbe Arminio, oppure Odino o Wotan, nome sassone. Dai Sassoni era particolarmente venerato l'Irminsul, come simbolo sacrale della colonna che sostiene il mondo [...]. Ed abbiamo in essa una delle più tipiche figurazioni del cosiddetto «pilastro del mondo», o dell'«albero del mondo», secondo un simbolo assiale che si trova in moltissimi popoli, dagli Esquimesi agli Indù. L'Irminsul più famoso - perché doveva essercene più di uno - era quello venerato nel santuario situato sulla vetta della montagna di Ehresburg. Carlo Magno lo fece abbattere nel 772. [...]»

Le fonti

Scrive Gioacchino Lanza Tomasi in *Vincenzo Bellini*, Sellerio editore, 2001, pag.109: Ancora una volta Romani aveva fatto ricorso ad un recente successo del teatro francese, *Norma*, una tragedia in cinque atti di Alexandre Soumet.

Il dramma del Soumet ha il suo archetipo in Medea ed alla figura di Medea si sovrappone quella di Velléda, la sacerdotessa druidica inclusa fra i *Martyrs* di Chateaubriand, ed ancora quella della sacerdotessa infedele che aveva fatto vibrare la scena operistica con la *Vestale* di Spontini. [...] Il progetto è pertanto quello di rivisitare un carattere femminile di taglio eroico, amante appassionata e tradita, vendicatrice e spergiura. E la rivisitazione doveva riuscire là dove il dramma di Soumet era mancato, nel tratteggiare una protagonista calata sì nel furore esemplare della tragedia classica, ma al tempo stesso sottoposta alla conflittualità patetica che ha origine in un conflitto personale, interiore delle passioni. La protagonista di Bellini sarà pertanto al tempo stesso amante e madre, oltre che figura pubblica e guida infedele del proprio popolo.»

Il nome della protagonista si collega probabilmente al significato di "normanno" per indicare in Norma la donna del nord. E a proposito del titolo dell'opera, Giorgio Vigolo ricorda che nel 1834 l'opera fu rappresentata a Roma con il titolo *La foresta d'Irminsul*, forse perché la severa censura pontificia temeva che il pubblico interpretasse il nome della protagonista nel significato di "regola", e vedesse nella vicenda di passione e morte una "norma" che si doveva o poteva seguire! Povero Bellini, la cosa fa il paio con la sostituzione di Fernando con Gernando per non offendere il re di Napoli!

La vicenda

Nella foresta sacra dei Druidi Oroveso annuncia che Norma compirà il sacro rito in omaggio alla divinità lunare. Il proconsole romano Pollione, amante segreto di Norma, confida all'amico Flavio di amare ora Adalgisa, giovane sacerdotessa d'Irminsul, e di temere l'ira e la vendetta di Norma. Norma rimprovera ai Galli l'impazienza di ribellarsi e intona poi una preghiera alla luna. Adalgisa viene raggiunta da Pollione che la invita a seguirlo a Roma; lei dapprima è incerta, poi promette che fuggirà con lui. Norma ha appreso che Pollione è richiamato a Roma e teme che egli abbandonerà lei e i figli. Ad Adalgisa che le confida il suo amore colpevole, concede la libertà dai voti. Ma quando scopre che il suo amante è Pollione, lo aggredisce con violenza

e Adalgisa, venuta a conoscenza del loro legame, rifiuta
di seguire Pollione a Roma.

Norma è decisa a vendicarsi uccidendo i figli avuti da
Pollione, ma gliene manca il coraggio e li affida ad Adalgisa
poiché ha deciso di morire. Viene a sapere che Pollione vuole
rapire Adalgisa e allora percuote il sacro scudo d'Irminsul per
chiamare i suoi alla guerra. Pollione, sorpreso nel recinto
delle vergini, viene catturato e condotto davanti a Norma che
allontana tutti col pretesto d'interrogare il prigioniero: gli ordina
di abbandonare Adalgisa minacciando di uccidere i due figli e
di mandare la fanciulla al rogo. Pollione implora di salvarla.
Quando deve fare il nome della vittima sacrificale propiziatoria
alla guerra, Norma accusa se stessa e si avvia verso il rogo,
dopo aver affidato i figli a Oroveso.

I personaggi

Forse sarebbe il caso di parlare al singolare, poiché senza
dubbio Norma non solo è figura dominante - ed è logico - ma
anche unica nella forza della personalità. Norma è grande nell'ira
e nel desiderio di vendetta, quando affronta Pollione con le
parole "In mia man alfin tu sei", ma è altrettanto grande nel
riconoscimento del proprio errore e nel nobile sacrificio di sé.
All'interno di questi due estremi si dipana la gamma di
sentimenti contrastanti, quali l'affetto per Adalgisa, che a un
certo punto sembra deluso, la tenerezza per i figli, che ferma
la mano che brandisce il pugnale, il dolce ricordo del sorgere

del suo amore per il proconsole romano, l'affetto per il padre.

A momenti può sembrare una furia scatenata, ma riacquista poi tratti profondamente umani, come nel finale dell'opera quando scongiura il padre di prendersi cura dei propri figli e di sottrarli al giogo romano. Norma non è Medea, la sua vendetta non giunge a sacrificare degli innocenti.

Adalgisa è una figura dolce, "fior di candore", posta improvvisamente di fronte alla crudeltà della vita, alla delusione dell'inganno, al senso di colpa.

Pollione sembra comprendere solo di fronte alla tragica decisione di Norma la sua statura di donna "sublime".

Commovente è la figura di Oroveso, posto dinanzi alla scelta fra la fedeltà all'ufficio di gran sacerdote che ricopre e le ragioni del cuore di padre. Liberatorio appare allora il pianto. Anche gli occhi di Norma si erano riempiti di lacrime davanti ai figli dormienti.

Comprensione

7. Scegli l'affermazione corretta

1. L'azione si colloca
a. nel I secolo
b. nel II secolo a.C.
c. nel I secolo a.C.

2. La Gallia, luogo dell'azione, corrisponde
a. alla Spagna.
b. alla Francia.
c. all'Italia del nord.

3. Le notizie sui Galli risalgono
a. a testimonianze scritte autoctone.
b. a storici e cronisti romani.
c. a ricostruzioni fantasiose dei romantici.

4. I Druidi erano
a. una casta sacerdotale.
b. dei capi tribù.
c. dei poeti alle corti dei capi.

5. I riti religiosi celtico-germanici
a. si celebravano in templi suntuosi.
b. erano celebrate dai bardi.
c. si celebravano nella foresta.

6. L'albero sacro, pilastro del mondo, era
a. il frassino.
b. la quercia.
c. il vischio.

7. Irminsul
a. significa "colonna di Irmin".
b. è il nome di un bardo antico.
c. è il nome di una regione celtica.

8. Correggi

Per il libretto di *Norma* Felice Romani si rifà a un'antica leggenda celtica. Per la rappresentazione a Roma si dovette cambiare il titolo in *La foresta di Norma*. Oroveso, il padre di Norma, non vuole dare ai Galli il segnale della rivolta contro i Romani. Pollione, il proconsole romano, confida all'amico il suo amore per Norma. Essa accetta di fuggire con lui; quando confessa a Norma il suo amore colpevole, questa la maledice. Quando scopre che si tratta di Pollione, Norma decide di vendicarsi e sta per fuggire con i figli, ma non ne ha il coraggio. Pollione viene catturato e condotto da Norma che lo interroga davanti a tutti. Minacciato, Pollione accetta di rinunciare ad Adalgisa. Ai Galli che chiedono il nome della sacerdotessa infedele, Norma annuncia che si tratta di Adalgisa. Essa si avvia al rogo di espiazione seguita da Pollione che la maledice.

9. Esprimi una valutazione

1. Come valuti la profonda differenza fra Medea e Norma malgrado tante analogie fra le loro storie? Sono entrambe due barbare deluse e offese dall'uomo che ha frantumato il loro mondo; un ruolo determinante è affidato alla presenza dei figli, la sete di vendetta le muove entrambe, eppure...
2. Quali caratteri dei personaggi e della vicenda sono ancora attuali e perché?

Norma - Tragedia lirica in due atti

Libretto: Felice Romani, dalla tragedia *Norma ou L'infanticide* di Alexandre Soumet

Musica: Vincenzo Bellini

Prima Rappresentazione: 26 dicembre 1831, Milano - Teatro alla Scala

Personaggi: Pollione, proconsole di Roma nelle Gallie - Tenore
Oroveso, capo dei Druidi - Basso
Norma, duidessa, figlia di Oroveso - Soprano
Adalgisa, giovane ministra del tempio di Irminsul - Soprano
Clotilde, confidente di Norma - Soprano
Flavio, amico di Pollione - Tenore
due fanciulli, figli di Norma e Pollione - ruolo muto
Coro, druidi, bardi, eubagi, sacerdotesse, guerrieri, soldati galli

Luogo: Gallia

Epoca: circa 50 a.C.

Atto I

Foresta sacra dei Druidi con al centro la quercia d'Irminsul, ai piedi della quale sta la pietra druidica che serve da altare. Monti ricoperti di selve. È notte; lontano si intravedono fuochi nei boschi.

scena I

Sulla scena sfilano in processione i guerrieri galli, seguiti dalle sacerdotesse druidiche, dai Druidi alla testa dei quali c'è Oroveso, il gran sacerdote.

Viene evocata la luna, simbolo di purezza e castità. Il triplice risuonare dello scudo è il segno della manifestazione del dio. Il vischio viene raccolto per la celebrazione dei riti. Le aquile stanno sulle insegne romane e simboleggiano gli invasori.

Oroveso
Ite sul colle, o Druidi,
Ite a spiar ne' cieli
Quando il suo disco argenteo
La nuova Luna sveli!
Ed il primier sorriso
Del virginal suo viso

Salite sul colle, o Druidi,
per cogliere in cielo
l'istante in cui la nuova luna mostra
il volto virginale, tre volte allora
risuonerà il bronzo sacro.

Tre volte annunzi il mistico
Bronzo sacerdotal!

Druidi

Il sacro vischio a mietere　　　　　　*Verrà Norma a tagliare il sacro*
Norma verrà?　　　　　　　　　　　*vischio?*
Oroveso rassicura i presenti sulla venuta di Norma e prosegue affermando che il dio parlerà.

Oroveso

Sì. Parlerà terribile　　　　　　　　*Sì, parlerà terribile*
Da queste quercie antiche,　　　　　*da queste antiche querce*
Sgombre farà le Gallie　　　　　　　*e libererà la Gallia*
Dall'aquile nemiche,　　　　　　　　*dai nemici,*
E del suo scudo il suono,　　　　　　*il suono dello scudo*
Pari al fragor del tuono,　　　　　　*percosso*
Nella città dei Cesari　　　　　　　*echeggerà tremendo in Roma.*
Tremendo echeggerà!

Oroveso e Druidi

Luna, t'affretta a sorgere!
Norma all'altar verrà!　　　　　　　*Affrettati a sorgere, luna.*
O Luna, t'affretta!　　　　　　　　*Norma giungerà per il rito.*

scena II

Allontanatisi i Galli, giungono guardinghi Flavio e Pollione, che non potrebbero entrare nella foresta sacra. Pollione confida all'amico di non amare più Norma e di amare ora la sacerdotessa Adalgisa "Fior d'innocenza e riso… Di candore e d'amor.. raggio di stella in ciel turbato." Egli teme la vendetta di Norma e narra all'amico un terribile sogno.

Vengono evocati l'altare di Venere, dea dell'amore, e i riti nuziali romani, gli imenei, celebrati anche con fiori e incenso.

Pollione

In rammentarlo io tremo.	*Tremo nel ricordarlo: ero presso*
Meco all'altar di Venere	*l'altare di Venere a Roma,*
Era Adalgisa in Roma,	*Adalgisa aveva vesti candide*
Cinta di bende candide,	*e fiori tra i capelli;*
Sparsa di fior la chioma;	
Udia d'Imene i cantici,	*sentivo i canti nuziali e gli incensi*
Vedea fumar gl'incensi,	*fumavano,*
Eran rapiti i sensi	*i miei sensi erano presi da piacere*
Di voluttade e amore.	*e amore*
Quando fra noi terribile	*quando fra noi si frappone*
Viene a locarsi un'ombra,	*l'ombra del mantello druidico;*
L'ampio mantel druidico	

Come un vapor l'ingombra;	*un fulmine cade sull'altare,*
Cade sull'ara il folgore,	*il giorno si oscura,*
D'un vel si copre il giorno,	
Muto si spande intorno	*si diffonde un orrore mortale.*
Un sepolcrale orror.	
Più l'adorata vergine	*La fanciulla adorata non*
Io non mi trovo accanto;	*è più al mio fianco,*
N'odo da lunge un gemito	*sento un lamento lontano e un*
Misto de' figli al pianto …	*pianto, mentre una voce terribile*
Ed una voce orribile	*risuona in fondo al tempio:*
Echeggia in fondo al tempio:	
Norma così fa scempio	*così Norma punisce l'amante*
D'amante traditor!	*infedele.*

Intanto stanno rientrando i Druidi poiché è sorta la luna. Flavio sollecita l'amico a fuggire per salvarsi, ma Pollione si dice sicuro che più forte di tutto e tutti sarà il suo amore.

scena III

Rientrano i Druidi, le sacerdotesse e i guerrieri, in mezzo a loro Oroveso.
Il coro annuncia l'arrivo di Norma.

Viene evocata l'immagine della cometa che, da sempre, è sinonimo di grandi eventi
(la morte di Cesare, la nascita di Cristo ecc.).

Coro
Ella viene, e la stella di Roma
Sbigottita si copre d'un velo;
Irminsul corre i campi del cielo
Qual cometa foriera d'orror.

Giunge Norma e stupito l'astro di
Roma si copre di un velo, Irminsul
percorre il cielo come una cometa
che porta sventura.

scena IV

Entra Norma in mezzo alle sue ministre. Ha i capelli sciolti, la fronte circondata di una corona di verbena, in mano tiene una falce d'oro per tagliare il vischio. Si colloca sulla pietra druidica con aria ispirata. Durante l'invocazione alla luna, Norma tende le braccia al cielo e tutti si prostrano, ripetendo l'invocazione.

Viene evocato Brenno, il condottiero gallo che nel 390 a.C. conquistò Roma e, gettando la spada sulla bilancia che pesava l'oro del riscatto della città, pronunciò la famosa frase "Vae victis!", guai ai vinti. Le scuri simboleggiano le armi germaniche. I sicambri erano tribù sulla riva destra del Reno.

Norma

Sediziose voci, voci di guerra,	*Voci di rivolta, di guerra,*
Avvi chi alzarsi attenta	*c'è chi vorrebbe alzarsi*
Presso all'ara del Dio?	*presso l'altare del dio?*
V'ha chi presume	*Chi ha la presunzione*
Dettar responsi alla veggente Norma,	*di sostituirsi alla veggente Norma*
E di Roma affrettar il fato arcano?	*e accelerare il destino di Roma?*
Ei non dipende, no, non dipende	*Esso non dipende*
Da potere umano.	*dal potere umano.*

Oroveso
E fino a quando oppressi
Ne vorrai tu?
Contaminate assai
Non fur le patrie selve
E i templi aviti
Dall'aquile latine?
Omai di Brenno oziosa
Non può starsi la spada.

*Fino a quando vorrai che restiamo
oppressi?
Non sono state abbastanza
dissacrati i boschi
e gli antichi altari
dalle aquile romane?
Non può più restare inutilizzata
la spada di Brenno.*

Uomini
Si brandisca una volta!

La si impugni finalmente!

Norma
E infranta cada.
Infranta, sì, se alcun di voi snudarla
Anzi tempo pretende.
Ancor non sono della nostra vendetta
I dì maturi.
Delle sicambre scuri
Sono i pili romani ancor più forti.
[…]
Io ne' volumi arcani leggo del cielo,
In pagine di morte
Della superba Roma è scritto il nome.
Ella un giorno morrà,
Ma non per voi.
Morrà pei vizi suoi,
Qual consunta morrà.
L'ora aspettate, l'ora fatal
Che compia il gran decreto.
Pace v'intimo …
E il sacro vischio io mieto.

E cada spezzata
se qualcuno di voi la impugnerà
troppo presto.
Non è ancora venuto il tempo della
vendetta, le lance romane sono
ancora più forti delle scuri
germaniche.
[…]
Io leggo i misteriosi voleri del cielo,
il destino della superba Roma è
scritto su pagine di morte.
Essa morirà, ma non per mano
vostra.
Morrà consumata dei suoi vizi,
aspettate l'ora fatale della sua
caduta.

Vi ordino pace e taglio
il sacro vischio.

Casta Diva, che inargenti
Queste sacre antiche piante,
A noi volgi il bel sembiante,
Senza nube e senza vel!

Tempra, o Diva,
Tempra tu de' cori ardenti,
Tempra ancora lo zelo audace.
Spargi in terra quella pace
Che regnar tu fai nel ciel.

Fine al rito.
E il sacro bosco
Sia disgombro dai profani.
Quando il Nume irato e fosco
Chiegga il sangue dei Romani,
Dal druidico delubro
La mia voce tuonerà.

Oroveso e Coro
Tuoni,

*Casta diva, che spargi la tua luce
d'argento su queste antiche piante,
mostraci il volto sgombro di nuvole
o nebbie.*

*Tempra l'ardito slancio dei cuori
infiammati.*

*Spargi in terra quella pace
che fai regnare in cielo.*

*Termina il rito.
Si allontanino dal bosco i non
adepti.*

*Sentirete tuonare la mia voce dal
tempio druidico quando il cupo iddio
chiederà il sangue dei Romani.*

Che tuoni

E un sol del popolo empio
Non isfugga al giusto scempio;
E primier da noi percosso
Il Proconsole cadrà.

Norma
Cadrà!
Punirlo io posso.
(Ma punirlo il cor non sa.)
(Ah! bello a me ritorna
Del fido amor primiero,
E contro il mondo intiero
Difesa a te sarò.
Ah! bello a me ritorna
Del raggio tuo sereno
E vita nel tuo seno
E patria e cielo avrò.)
[…]
(Ah! riedi ancora qual eri allora,
Quando il cor ti diedi allora,
Qual eri allor, ah, riedi a me!)

*e che nessuno degli oppressori
sfugga alla strage,
primo fra tutti il proconsole.*

*Cadrà.
Io posso punirlo.
Ma il cuore non ne è capace.
Ah, torna da me bello come al
sorgere del nostro amore e io ti
difenderò di fronte a tutti.*

*Torna con lo sguardo sereno
e fra le tue braccia avrò vita, patria
e cielo.[…]*

*Torna quello che eri allora quando ti
donai il cuore, torna da me come eri
allora.*

Comprensione

10. Vero o falso?

a. L'azione inizia nell'attesa dell'aurora.　　　　　　　　　vero　　falso
b. Oroveso annuncia che presto il popolo sarà liberato.　　vero　　falso
c. Al sorgere del sole verrà percosso lo scudo sacro.　　　vero　　falso
d. La luna è simbolo di gioia amorosa.　　　　　　　　　　vero　　falso
e. Presto il destino di Roma cambierà tragicamente.　　　vero　　falso

11. Scegli l'affermazione corretta

1. Nel sogno stanno avvenendo
a. le nozze fra Pollione e Norma.
b. i riti sacri di Norma.
c. le nozze fra Pollione e Adalgisa.

2. Durante il rito
a. viene bruciato incenso.
b. viene fatto un sacrificio.
c. viene rapita la sposa.

3. Improvvisamente
a. compare Norma.
b. compare il dio dei Galli.
c. si profila un'ombra cupa.

4. Alla fine
a. Adalgisa giace morta.
b. Adalgisa è scomparsa.
c. Pollione impazzisce.

12. Collega le parti di frasi

1. Norma rimprovera ai Galli
2. nell'adempimento del destino di Roma;
3. Essa profetizza la caduta della città
4. Se il moto di vendetta sarà troppo precoce
5. Norma invoca poi la luna, simbolo di castità,
6. Sa che dovrebbe punire Pollione,
7. e ricorda con nostalgia i primi tempi del loro amore,

a. per colpa dei suoi vizi.
b. ma sa anche che non può farlo
c. affinché mostri il suo volto sereno.
d. quando riponeva in lui tutte le aspettative.
e. di volersi sostituire al dio
f. la spada dei Galli si spezzerà invece di trionfare.
g. solo al dio spetta la decisione.

1. _____ 2. _____ 3. _____ 4. _____ 5. _____ 6. _____ 7. _____

13. Esprimi una valutazione

In queste scene iniziali si presentano quasi tutti i protagonisti, esclusa Adalgisa che compare nella scena successiva. Quali atmosfere caratterizzano il contesto notturno? Che cosa si agita nell'animo dei personaggi?

scena V

Adalgisa da sola si raccoglie in preghiera accanto all'altare.

Adalgisa
Sgombra è la sacra selva,
Compiuto il rito.
Sospirar non vista alfin poss'io,
Qui … dove a me s'offerse
La prima volta quel fatal Romano,
Che mi rende rubella
Al tempio, al Dio …
Fosse l'ultima almen!
Vano desio!
Irresistibil forza qui mi trascina,
E di quel caro aspetto
Il cor si pasce,
E di sua cara voce
L'aura che spira mi ripete il suono.

La sacra selva è vuota e posso sospirare in segreto qui, dove incontrai per la prima volta quel Romano che mi rese ribelle al dio…

Se fosse almeno l'ultima, ma è un desiderio vano.
Una forza irresistibile mi trascina qui; il cuore gioisce del suo bel volto e l'aria mi riporta il suono della sua cara voce.

Deh! Proteggimi, o Dio!
Perduta io son!
Gran Dio, abbi pietà,
Perduta io son!

Ah, mio Dio, proteggimi,
sono perduta.
Gran Dio, abbi pietà.

scena VI

Entrano Pollione e Flavio che subito si allontana. Adalgisa invoca Pollione
di lasciarla sola a pregare il proprio dio a cui è stata infedele. Ma Pollione vuole
convincerla a seguirlo a Roma. "Il Dio che invocar devi è Amore" dice.

Pollione
Va, crudele, al Dio spietato
Offri in dono il sangue mio.
Tutto, ah, tutto ei sia versato,
Ma lasciarti non poss'io,
No, nol posso!
Sol promessa al Dio tu fosti,
Ma il tuo core a me si diede.
Ah! Non sai quel che mi costi
Perch'io mai rinunzi a te.

Crudele, offri al tuo dio spietato
il mio sangue.
Lo spargerò tutto, ma non posso
lasciarti.
Tu fosti promessa al dio, ma il tuo
cuore si domò a me.

Tu non sai quanto mi costi
rinunciare a te.

Adalgisa

E tu pure, ah, tu non sai
Quanto costi a me dolente!
All'altare che oltraggiai
Lieta andava ed innocente,
Sì, sì, v'andava innocente.
Il pensiero al cielo ergea
E il mio Dio vedeva in ciel!
Or per me spergiura e rea
Cielo e Dio ricopre un vel!

Pollione

Ciel più puro e Dei migliori
T'offro in Roma, ov'io mi reco.
[…]
Vieni in Roma, ah, vieni, o cara,
Dov'è amore e gioia e vita!
Inebbriam nostr'alme a gara
Del contento a cui ne invita!
Voce in cor parlar non senti,

*Nemmeno tu sai quanto
ciò costi a me.
Lieta ed innocente mi recavo
all'altare che ho offeso.*

*Elevavo il mio pensiero
al cielo dove vedevo il mo dio,
ora che sono infedele e colpevole
il cielo e il dio si nascondono a me.*

*A Roma ti offro un cielo più puro
e dèi migliori.
[…]
Cara, vieni a Roma dove
ci sono amore, gioia e vita.
Inebriamo la nostra anima
alla gioia a cui ci invita.
Non senti nel cuore la voce*

Che promette eterno ben?
Ah! Dà fede a' dolci accenti,
Sposo tuo mi stringi al sen!

Adalgisa
(Ciel! Così parlar l'ascolto
Sempre, ovunque, al tempio istesso!
Con quegli occhi, con quel volto,
Fin sull'ara il veggo impresso.
Ei trionfa del mio pianto,
Del mio duol vittoria ottien.
Ciel! Mi togli al dolce incanto,
O l'error perdona almen!)

Dopo aver tentato di resistere all'invito di seguirlo a Roma, Adalgisa cede, il mattino successivo attenderà Pollione per fuggire con lui.

che promette un bene eterno? Abbi fiducia nelle dolci parole e stringimi al cuore come sposo.

Cielo, sento sempre le sue parole anche quando sono al tempio. Vedo quegli occhi, quel viso impressi sull'altare. Vince sul mio pianto, sul mio dolore. Cielo, liberami da questa dolce magia oppure perdona il mio errore.

Comprensione

14. Vero o falso?

a. Adalgisa è nella selva per incontrare Norma.	vero	falso
b. Il suo animo è pieno di gioia.	vero	falso
c. Alla fine chiede al dio di perdonarla.	vero	falso
d. Pollione offende l'immagine del dio.	vero	falso
e. La rinuncia all'amore è dolorosa per entrambi.	vero	falso
f. A Roma Adalgisa troverà ricchezze e onori.	vero	falso
g. Adalgisa respinge decisamente Pollione.	vero	falso

15. Esprimi una valutazione

Adalgisa e Pollione rappresentano due concezioni diverse della religione.
Quella druidica è cupa e notturna, come i riti che vengono celebrati nella selva, l'altra è solare.
Quali espressioni nel testo supportano questa considerazione?

scena VII

La scena si sposta nell'abitazione di Norma, sono presenti anche Clotilde e i due figlioletti di Norma. Essa ha saputo che Pollione deve tornare a Roma e teme di essere abbandonata assieme ai figli per i quali prova sentimenti contraddittori.

Norma

Non so. Diversi affetti
Strazian quest'alma.
Amo in un punto ed odio i figli miei!
Soffro in vederli,
E soffro s'io non li veggo.
Non provato mai
Sento un diletto
Ed un dolore insieme d'esser lor madre.

*Sentimenti diversi lacerano il mio animo.
Allo stesso tempo li odio e li amo, soffro se non li vedo ma anche quando li vedo.
Nell'essere madre provo una gioia indicibile e un grande dolore*

scena VIII

Adalgisa, che si sente divisa fra l'amore per Pollione e la fedeltà ai voti pronunciati, si presenta a Norma per confessarle la propria colpa.

Norma
M'abbraccia, e parla.	*Abbracciami e racconta ciò*
Che t'affligge?	*che ti angoscia.*

Adalgisa
Amore. Non t'irritar!	*È l'amore. Non adirarti, ho cercato a*
Lunga stagion pugnai per soffocarlo.	*lungo di combatterlo, ma esso è più*
Ogni mia forza ei vinse,	*forte di ogni rimorso.*
Ogni rimorso.	
Ah! Tu non sai, pur dianzi	*Tu non sai quale giuramento*
Qual giuramento io fea!	*ho appena fatto:*
Fuggir dal tempio,	*fuggire dal tempio*
Tradir l'altare a cui son io legata,	*e abbandonare l'altare a cui mi ero*
Abbandonar la patria …	*votata, lasciare la patria.*

Norma
Ahi! Sventurata!	*Infelice!*
Del tuo primier mattino	*Già così giovane sei turbata.*

Già turbato è il sereno?
E come, e quando
Nacque tal fiamma in te?

Come e quando nacque questo amore?

Adalgisa
Da un solo sguardo, da un sol sospiro,
Nella sacra selva,
A piè dell'ara ov'io pregava il Dio.
Tremai … Sul labbro mio
Si arrestò la preghiera.
E, tutta assorta
In quel leggiadro aspetto,
Un altro cielo mirar credetti,
Un altro cielo in lui.

È bastato un solo sguardo, un solo sospiro ai piedi dell'altare nella selva sacra, dove pregavo il dio.
Tremai e non potei più pregare.

Tutta presa dalla sua bellezza credetti di vedere in lui un cielo diverso.

Norma
(Oh! Rimembranza!
Io fui così rapita
Al sol mirarlo in volto!)

Oh ricordi, anche a me bastò guardare il suo viso.

Adalgisa
Ma non m'ascolti tu?

Non mi ascolti?

Norma
Segui. T'ascolto.　　　　　　*Continua, ti ascolto.*

Adalgisa
Sola, furtiva, al tempio　　　*Di nascosto lo aspettavo*
Io l'aspettai sovente,　　　　*da sola al tempio e ogni*
Ed ogni dì più fervida　　　　*giorno di più cresceva*
Crebbe la fiamma ardente.　　*l'amore.*

Norma
(Io stessa arsi così.)　　　　*Anch'io ardevo così.*

Adalgisa
Vieni, ei dicea, concedi　　　*Egli diceva: Lascia*
Ch'io mi ti prostri ai piedi.　*che mi inginocchi*
　　　　　　　　　　　　　　davanti a te.

Norma
(Oh, rimembranza!)　　　　　 *Oh, ricordi!*

Adalgisa
Lascia che l'aura io spiri　　*Lasciami respirare l'alito*
　　　　　　　　　　　　　　Così fui sedotta anch'io.

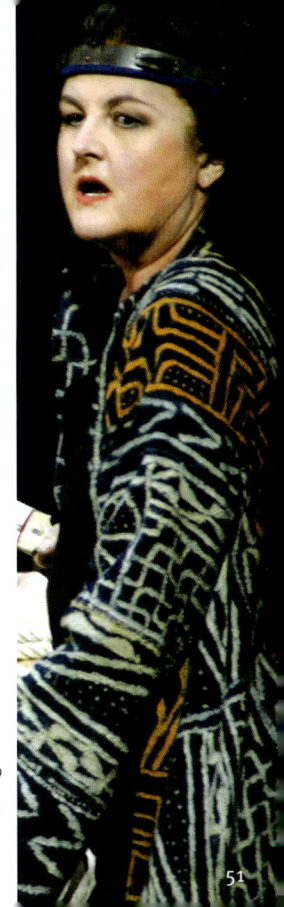

Norma
(Io fui così sedotta!)

Adalgisa
Dei dolci tuoi sospiri,　　　　　　　　*dei tuoi dolci sospiri, lascia che io*
Del tuo bel crin le anella　　　　　　*baci i riccioli dei tuoi bei capelli."*
Dammi, dammi poter baciar.

Norma
(Oh, cari accenti!　　　　　　　　　　*Dolci parole con le quali si faceva*
Così li profferia,　　　　　　　　　　*strada nel mio cuore.*
Così trovava del mio cor la via!)

Adalgisa
Dolci qual arpa armonica　　　　　　*Le sue parole risuonavano dolci*
M'eran le sue parole,　　　　　　　　*come la melodia di un'arpa, nei suoi*
Negli occhi suoi sorridere　　　　　　*occhi vedevo sorridere più bello il*
Vedea più bello un sole.　　　　　　　*sole.*
[…]

Norma
Ah! Sì, fa core e abbracciami.　　　　*Fatti coraggio,*

Ti perdono e ti compismgo.
Dai voti tuoi ti libero,
I tuoi legami io frango.
Al caro oggetto unita
Vivrai felice ancor.

ti perdono e compatisco.
Ti libero dai voti e spezzo i tuoi
legami, vivrai felice accanto
al tuo amore.

Adalgisa
Ripeti, o ciel,
Ripetimi sì lusinghieri accenti!
Per te, per te s'acquetano
I lunghi miei tormenti.
Tu rendi a me la vita,
Se non è colpa amor.

Ripetimi queste dolci parole.

Grazie a te trovano pace i miei
tormenti.
Posso tornare a vivere se l'amore
non è una colpa.

scena IX

*Giunge Pollione che Adalgisa indica come il proprio amante,
Norma lo affronta con violenza.*

Norma

Tremi tu? E per chi?	*Tremi?*
E per chi tu tremi?	*E per chi tremi?*
Oh, non tremare, o perfido,	*Perfido, non tremare per lei.*
Ah, non tremar per lei!	
Essa non è colpevole,	*Non lei ma tu sei il colpevole.*
Il malfattor tu sei!	
Trema per te, fellon,	*Trema per te, vile,*
Pei figli tuoi,	*e per i tuoi figli,*
Trema per me, fellon!	*trema per me, vile.*

Adalgisa

Che ascolto? Ah! Deh parla!	*Che cosa sento? Parla!*
Taci? T'arresti! Ohimè!	*Perché taci?*

Norma
Oh! Di qual sei tu vittima
Crudo e funesto inganno!
Pria che costui conoscere
T'era il morir men danno!
Fonte d'eterne lagrime
Egli a te pur dischiuse
Come il mio cor deluse,
L'empio il tuo core tradì!

*Di quale crudele e funesto inganno
sei vittima!
Per te sarebbe stato meno doloroso
morire che conoscerlo.
Egli è causa di lacrime eterne e
come deluse il mio cuore così tradì
il tuo.*

Pollione
Norma! De' tuoi rimproveri
Segno non farmi adesso!
Deh! A quest'afflitta vergine
Sia respirar concesso!

*Norma, non far cadere su di me i
tuoi rimproveri, lascia in pace questa
fanciulla.*

Adalgisa
Oh, qual mistero orribile!
Trema il mio cor di chiedere,
Trema d'udire il vero!
Tutta comprendo, o misera,
Tutta la mia sventura,

*Che tremendo mistero!
Ho timore di chiedere, di apprendere
la verità.
Comprendo tutta la mia sventura,
se egli mi ingannò in tale modo*

Essa non ha misura,
S'ei m'ingannò così!

essa è incommensurabile.

Pollione
Copra a quell'alma ingenua,
Copra nostr'onte un velo!

Che un velo copra le nostre colpe
agli occhi di quell'anima ingenua.

Norma
Empio e tant'osi?

Come osi a tal punto?

Pollione
Giudichi solo il cielo
Quali più di noi fallì!
[…]
Or basti.

Sia il cielo a giudicare chi è più
colpevole.

Ora basta.

Norma
Fermati!

Fermati.

Pollione afferra Adalgisa
Vieni.

Vieni.

Adalgisa
Mi lascia, scostati!　　　　　　　　　*Lasciami,*
Sposo sei tu infedele!　　　　　　　*sei uno sposo infedele.*

Pollione
Qual io mi fossi obblio.　　　　　　*Ho dimenticato ciò che sono stato.*

Adalgisa
Mi lascia, scostati!　　　　　　　　*Lasciami, allontanati.*

Pollione
L'amante tuo son io!　　　　　　　　*Sono colui che ti ama.*

Adalgisa
Va, traditor!　　　　　　　　　　　*Vattene, traditore.*

Pollione
È mio destino amarti,
Destino costei lasciar!

*Il mio destino è amare te
e lasciare lei.*

Norma
Ebben! lo compi,
Lo compi e parti!
Seguilo.

*Fallo, dunque,
fallo e vattene.
Seguilo.*

Adalgisa
Ah! No, giammai, ah, no.
Ah, pria spirar!

*No, mai.
Piuttosto morirò.*

Norma
Vanne, sì, mi lascia, indegno,
Figli obblia, promesse, onore!
Maledetto dal mio sdegno
Non godrai d'un empio amore!

*Vattene e dimentica figli, promesse,
onore. La mia maledizione non ti
permetterà di godere di un amore
empio.*

Pollione
Fremi pure, e angoscia eterna
Pur m'impreghi il tuo furore!

*Che la tua ira furente mi maledica
pure in eterno.*

Norma
Te sull'onde e te sui venti
Seguiranno mie furie ardenti!
Mia vendetta e notte e giorno
Ruggirà intorno a te!

Sul mare e nel vento ti seguirà la mia furia e la mia vendetta ruggirà notte e giorno intorno a te.

Pollione
Fremi pure, e angoscia eterna
Pur m'imprechi il tuo furore!
Quest'amor che mi governa
È di te, di me maggiore!

Che la tua ira furente mi maledica pure in eterno.
Questo amore che mi domina è più forte di te e di me.

Adalgisa
Ah! Non fia ch'io costi
Al tuo core sì rio dolore!

Non succeda che il tuo cuore debba soffrire tanto per colpa mia.

Pollione
Dio non v'ha che mali inventi
De' miei mali, ah, più cocenti!
Maledetto io fui quel giorno
Che il destin m'offerse a te.
Maledetto io fui per te!

Non esiste un dio che crei sofferenze maggiori delle mie.
La sventura mi colpì il giorno in cui ti conobbi.
Maledetto a casa tua.

Adalgisa

Ah, sian frapposti e mari e monti	*Per sempre si stendano fra me*
Fra me sempre e il traditore!	*e il traditore i mari e i monti.*
[…]	
Soffocar saprò i lamenti,	*Saprò soffocare i lamenti*
Divorare i miei tormenti;	*e nascondere i tormenti,*
Morirò perchè ritorno	*morirò perché il crudele torni a te*
Faccia il crudo ai figli, a te!	*e ai figli.*

Risuona il bronzo che richiama Norma ai riti sacri e in lontananza si sente il coro dei Galli. Norma ricorda a Pollione che ciò significa morte, Adalgisa lo implora di fuggire. "Ma prima / Mi cadrà il tuo Nume al piè!" risponde Pollione.

Comprensione

16. Vero o falso?

a. Essere madre è per Norma fonte solo di gioia.	vero	falso
b. Mentre osserva i figli alza su di loro il pugnale.	vero	falso
c. Adalgisa è angosciata per la propria colpa.	vero	falso
d. Narra che l'amore è nato al primo sguardo.	vero	falso
e. Norma reagisce con grande severità.	vero	falso
f. Ascoltandola rivive la propria storia d'amore.	vero	falso
g. Con generosità la rende libera di amare.	vero	falso

17. Scegli l'affermazione corretta

1. Il nome dell'amante di Adalgisa
a. viene svelato già durante la confessione di lei.
b. resta ignoto.
c. viene svelato all'arrivo di Pollione.

2. La reazione di Norma
a. dimostra indifferenza.
b. è carica di furore verso Pollione.
c. si scarica su Adalgisa.

3. La reazione di Pollione ai sentimenti di Norma
a. è un senso di colpa.
b. è di accettazione della condanna.
c. è l'affermazione del proprio diritto di amare Adalgisa.

4. La scoperta del tradimento di Pollione
a. sconvolge profondamente Adalgisa.
b. fa infuriare Adalgisa.
c. lascia Adalgisa abbastanza indifferente.

5. La fanciulla
a. respinge Pollione.
b. decide malgrado tutto di seguirlo.
c. è incerta sul da farsi.

6. Norma promette a Pollione
a. che lo aiuterà a fuggire.
b. che la sua maledizione lo seguirà ovunque.
c. che lo seguirà a Roma.

7. La scena si conclude
a. con una riconciliazione.
b. con una preghiera al dio.
c. con il richiamo ai sacri riti.

18. Esprimi una valutazione

1. L'atto si chiude con il terzetto in cui finalmente si incontrano tutti e tre i protagonisti. Come descriveresti il loro atteggiamento, i loro sentimenti in questa scena?

2. L'atto è articolato in varie scene, ma lo sfondo cambia una sola volta, dalla selva alla dimora di Norma. Come spieghi questo spostamento dall'esterno all'interno in un contesto che comunque rimane notturno?

Atto II

scena I

Nella sua casa Norma si avvicina con un pugnale in mano ai due figlioletti dormienti.

Norma

Dormono entrambi,	*Dormono entrambi,*
Non vedran la mano	*non vedranno la mano*
Che li percuote.	*che li colpisce.*
Non pentirti, o core;	*Non pentirti, cuore,*
Viver non ponno. Qui supplizio,	*non possono vivere. Qui subirebbero*
E in Roma obbrobrio avrian,	*il sacrificio, a Roma un'offesa*
Peggior supplizio assai;	*peggiore del sacrificio, sarebbero*
Schiavi d'una matrigna.	*schiavi di una matrigna.*
Ah! No! Giammai!	*Mai.*
Muoiano, sì.	*Muoiano.*
Non posso avvicinarmi.	*Non posso avvicinarmi,*
Un gel mi prende	*mi sento gelare*
E in fronte mi si solleva il crin.	*e mi si rizzano i capelli sul capo.*

I figli uccido!	*Uccido i figli,*
Teneri figli.	*teneri figli.*
Essi, pur dianzi delizia mia,	*Erano la mia gioia,*
Essi nel cui sorriso	*il loro sorriso mi sembrava il segno*
Il perdono del ciel mirar credei,	*del perdono del cielo.*
Ed io li svenerò?	*E ora li ucciderei?*
Di che son rei?	*Qual è la loro colpa?*
Di Pollione son figli	*Di essere i figli di Pollione.*
Ecco il delitto.	
Essi per me son morti!	*Per me sono morti,*
Muoian per lui.	*lo siano anche per lui, egli deve*
E non sia pena che la sua somigli.	*soffrire un dolore senza confronto.*

Si avvicina al letto e alza il pugnale; inorridita dà un grido che sveglia i fanciulli: "Ah! No! Son miei figli!" e li abbraccia piangendo.

scena II e III

Norma chiede a Clotilde di far venire Adalgisa a cui vuole affidare i figli prima di morire e alla quale fa giurare che farà tutto quello che le chiede.

Norma

Pei figli suoi t'imploro.	*Ti imploro per i suoi figli:*
Deh! Con te li prendi,	*prendili con te,*
Li sostieni, li difendi.	*aiutali, difendili.*
Non ti chiedo onori e fasci,	*Non ti chiedo onori e insegne,*
A' tuoi figli ei fian serbati.	*riservali ai tuoi figli;*
Prego sol che i miei non lasci	*ti chiedo solo di non renderli schiavi,*
Schiavi, abbietti, abbandonati.	*disprezzati e abbandonati.*
Basti a te che disprezzata,	*A te basti sapere*
Che tradita io fui per te.	*che io sono stata tradita a causa tua.*
Adalgisa, deh! ti muova	*Fa' che tanto dolore ti commuova.*
Tanto strazio del mio cor.	

Adalgisa

Norma, ah! Norma, ancora amata,	*Per me sarai sempre la madre amata.*
Madre ancora sarai per me.	*Tieni con te i figli.*
Tieni i figli.	

Ah! Non, ah non fia mai
Ch'io mi tolga a queste arene!

*Non succederà mai che io
abbandoni questi luoghi.*

Norma
Tu giurasti.

Hai giurato.

Adalgisa
Sì, giurai.
Ma il tuo bene, il sol tuo bene.
Vado al campo ed all'ingrato
Tutti io reco i tuoi lamenti.
La pietà che m'hai destato
Parlerà sublimi accenti.
Spera, ah, spera, amor, natura
Ridestar in lui vedrai.
Del suo cor son io secura,
Norma ancor vi regnerà!

*Sì,
ma solo per il tuo bene.
Andrò da lui e narrerò il tuo dolore.
La compassione che hai suscitato in
me si esprimerà con parole adatte.
Spera e vedrai che l'amore
rinascerà.
Confido nel suo cuore,
l'amore per te vi regnerà ancora.*

Norma
Ch'io lo preghi?
Ah, no! Giammai! Ah! No!
[…]

*Vuoi che lo preghi?
Mai!*

Adalgisa
Mira, o Norma, a' tuoi ginocchi
Questi cari tuoi pargoletti!
Ah! Pietade di lor ti tocchi,
Se non hai di te pietà!

*Guarda, Norma, i tuoi figli
abbracciati alle tue ginocchia.
Abbi almeno pietà di loro se non hai
pietà di te.*

Norma
Ah! Perchè, perchè la mia costanza
Vuoi scemar con molli affetti?
Più lusinghe, ah, più speranza
Presso a morte un cor non ha!
[…]

*Perché vuoi indebolire la mia volontà
appellandoti a teneri sentimenti?
In vicinanza della morte un cuore
non ha più illusioni, più speranza.*

Norma ed Adalgisa
Sì, fino all'ore estreme
Compagna tua m'avrai.
Per ricovrarci insieme
Ampia è la terra assai.
Teco del fato all'onte
Ferma opporrò la fronte,
Finché il tuo core a battere
Io senta sul mio cor, sì.

*Avrai la mia amicizia fino
al momento estremo, la terra è
abbastanza grande per darci rifugio.*

*Agli insulti del destino resisterò
assieme a te,
finché il tuo cuore batterà
con il mio.*

scena IV e V

Luogo solitario presso il bosco dei Druidi. Oroveso dichiara ai guerrieri galli che il tempo della rivolta non è ancora giunto, il dio non ha ancora parlato a Norma. Intanto si è saputo che Pollione sta partendo, ma sarà sostituito da qualcuno più feroce di lui. Cosa fare dunque?, chiedono i Galli.

Oroveso
Cruda legge! Il sento.
Ah! Del Tebro al giogo indegno
Fremo io pure,
All'armi anelo!
Ma nemico è sempre il cielo,
Ma consiglio è simular.

La legge è dura, lo sento.
Anch'io mi ribello alla schiavitù
e desidero prendere le armi.

Ma il cielo è ancora ostile,
meglio è fingere.

Guerrieri galli
Ah sì, fingiamo, se il finger giovi,
Ma il furor in sen si covi.

Fingiamo se fingere serve,
ma si nutra in petto il furore.

Oroveso
Divoriam in cor lo sdegno,
Tal che Roma estinto il creda.
Dì verrà, sì, che desto ei rieda
Più tremendo a divampar.

Nascondiamo nel cuore l'ira così
che Roma la creda svanita.
Verrà il giorno in cui essa tornerà
a divampare più terribile.

Guerrieri galli
Guai per Roma allor che il segno
Dia dell'armi il sacro altar!

*Guai a Roma quando il sacro altare
chiamerà alle armi.*

scena VI

Norma è da sola al tempio d'Irminsul.

Norma
Ei tornerà.
Sì. Mia fidanza è posta in Adalgisa.
Ei tornerà pentito,
Supplichevole, amante.
Oh! A tal pensiero
Sparisce il nuvol nero
Che mi premea la fronte,
E il sol m'arride
Come del primo amore ai dì,
Ai dì felici.

*Egli tornerà,
la mia fiducia è riposta in Adalgisa.
Tornerà pentito e mi supplicherà,
amandomi ancora.
A questo pensiero si dirada
quella nuvola nera
che mi pesava sulla fronte
e il sole mi sorride
come nei primi giorni felici
dell'amore.*

Clotilde le anuncia che Adalgisa ha fallito nel suo tentativo di ricondurre Pollione a lei., anzi egli vuole rapire la giovane sacerdotessa. Norma è furente e percuote tre volte lo scudo sacro, chiamando i Galli alla guerra.

Comprensione

19. vero o falso?

a. Norma vuole uccidere i figli per vendicare Pollione.　　　vero ☐ falso ☐
b. Al suo grido essi si destano e implorano pietà.　　　vero ☐ falso ☐
c. Ciò che l'angoscia è l'idea del loro destino da prigionieri.　　　vero ☐ falso ☐
d. Anche Pollione deve soffrire per la loro morte.　　　vero ☐ falso ☐
e. Nel loro sorriso Norma vedeva un segno della benevolenza del cielo.　vero ☐ falso ☐
f. Li affiderà ad Adalgisa perché ne abbia cura e li protegga.　　　vero ☐ falso ☐
g. Alla fine tenta di rivolgere il pugnale contro di sé.　　　vero ☐ falso ☐

20. Correggi

Norma manda a chiamare Adalgisa per chiederle notizie dei propri figli. La fanciulla cerca di convincerla che Pollione non tornerà più da lei. Adalgisa andrà da Pollione per vendicare il dolore di Norma. La invita a guardare i figlioletti che corrono nel prato e Norma cerca di restare ferma nel suo proposito. Le due donne si abbracciano commosse. Norma e Adalgisa si giurano fedeltà e amicizia fino alla vittoria sui Romani.

Intanto i Galli che temono i Romani e attendono la chiamata del dio, decidono di attaccare il nemico. Mentre Norma si illude che Pollione tornerà, arriva lui stesso e le dice che rapirà Adalgisa. Resa furente dalla delusione, Norma suona il corno che chiama alla battaglia.

21. Esprimi una valutazione
1. La presenza in scena dei figli di Norma ha una grande rilevanza drammatica. Come spieghi il fatto che Bellini assegni loro un ruolo muto?
2. Dopo il duetto Norma-Adalgisa l'azione si sposta nella selva alla presenza di Oroveso e dei Galli, che tornano nella scena VII per inneggiare alla guerra. Che significato può avere il monologo di Norma accanto all'altare del dio?

scena VII

Dapprima stupiti per l'improvviso cambiamento, Oroveso e i Druidi intonano poi il canto di guerra.

Con il nome arcaico di Ligeri viene evocato il fiume Loira che attraversava la Gallia occupata dai Romani, quindi "impura".

Norma
Ed ira adesso,
Stragi, furore e morti.
Il cantico di guerra alzate, o forti.

Guerra, guerra!
Sangue, sangue! Vendetta!
Strage, strage!

E ora, guerrieri, intonate il canto che porta strage, furore e morte.

Guerra, sangue, vendetta, strage.

Oroveso e Coro
Guerra, guerra! Le galliche selve
Quante han querce producon guerrier:
Qual sul gregge fameliche belve,
Sui Romani van essi a cader!

Guerra! Le selve dei Galli generano altrettanti guerrieri quanti alberi. Essi si avventano sui Romani come belve affamate.

Sangue, sangue! Le galliche scuri
Fino al tronco bagnate ne son!
Sovra i flutti dei Ligeri impuri
Ei gorgoglia con funebre suon!

Strage, strage, sterminio, vendetta!
Già comincia, si compie, s'affretta.
Come biade da falci mietute
Son di Roma le schiere cadute!

Tronchi i vanni, recisi gli artigli.
Abbattuta ecco l'aquila al suol!
A mirare il trionfo de' figli
Ecco il Dio, sovra un raggio di sol!

Sangue! Le scuri dei Galli ne sono bagnate fino all'impugnatura; sulle onde della Loira rese impure dai Romani esso ribolle con un suono di morte.
Strage, sterminio, vendetta! Si stanno compiendo. Le armate romane sono cadute come le spighe sotto la falce.

L'aquila è abbattuta con le ali spezzate e gli artigli tagliati. Il dio appare in un raggio di sole per ammirare il trionfo dei suoi figli.

scena VIII e IX

Un Romano è stato sorpreso dentro l'area riservata alle sacerdotesse. Norma teme che si tratti di Pollione e quando ne ha la certezza e Oroveso e i Druidi le chiedono di fare di lui la vittima propiziatoria, essa chiede di essere lasciata sola con il prigioniero per scoprire chi sia la sacerdotessa infedele. Mentre esita, Norma si chiede "Poss'io sentir pietà?"

scena X

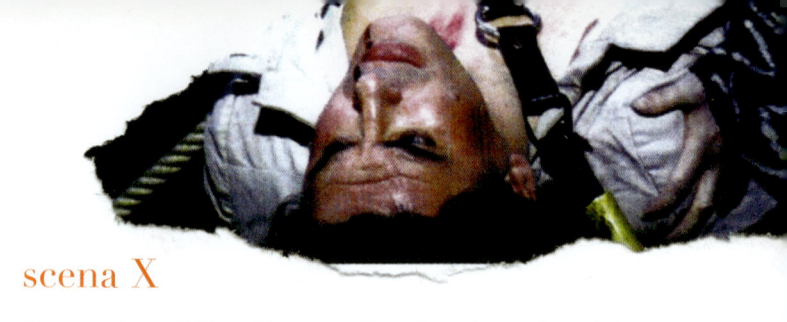

Rimasta sola con Pollione, Norma manifesra il suo furore e il suo desiderio di vendetta.

Norma
In mia man alfin tu sei:
Niun potria spezzar tuoi nodi.
Io lo posso.

Finalmente sei in mio potere.
Nessuno potrebbe liberarti. Io posso.

Pollione
Tu nol dei.

Non devi farlo.

Norma
Io lo voglio.

Voglio farlo.

Pollione
E come?

E come?

Norma
M'odi.
Pel tuo Dio, pei figli tuoi,
Giurar dei che d'ora in poi
Adalgisa fuggirai,
All'altar non la torrai,
E la vita io ti perdono,
E mai più ti rivedrò.
Giura.

Pollione
No. Si vil non sono.

Norma
Giura, giura!

Pollione
Ah! Pria morrò!

Norma
Non sai tu che il mio furore
Passa il tuo?

Ascolta.
Devi giurare sul tuo dio e sui tuoi
figli che rinunci ad Adalgisa,
lasciandola ai suoi voti. In cambio
prometto che ti salvo la vita e che
non ti vedrò mai più. Giura.

Non sono così vile.

Giura.

Piuttosto muoio.

Non sai che il mio furore è superiore
al tuo?

Pollione
Ch'ei piombi attendo.

Aspetto che mi colpisca.

Norma
Non sai tu che ai figli in core
Questo ferro?

*Non sai che con questo pugnale
volevo trapassare il cuore dei figli?*

Pollione
Oh Dio! Che intendo?

Che cosa sento!

Norma
Sì, sovr'essi alzai la punta.
Vedi, vedi a che son giunta!
Non ferii, ma tosto, adesso
Consumar potrei l'eccesso.
Un istante, e d'esser madre
Mi poss'io dimenticar!

*Sì, l'ho alzato su di loro.
Vedi cosa sono arrivata a fare.
Non li ho colpiti ma posso ancora
farlo e dimenticare di essere madre.*

Pollione
Ah! Crudele, in sen del padre
Il pugnal tu dei vibrar!
A me il porgi.

*Crudele, devi trapassare il cuore
del loro padre. Dammi il pugnale.*

Norma
A te?

Pollione
Che spento cada io solo!

Norma
Solo? Tutti!
I Romani a cento a cento
Fian mietuti, fian distrutti,
E Adalgisa …

Pollione
Ahimè!

Norma
Infedele a suoi voti …

Pollione
Ebben, crudele?

A te?

E che io solo nuoia.

*Tu solo? Tutti i Romani
devono essere distrutti a
centinaia.
E Adalgisa…*

Ahimè!

Che ha infranto i voti…

*Che cosa vuoi fare,
crudele?*

Norma
Adalgisa fia punita,
Nelle fiamme perirà, sì, perirà!

Deve essere punita e morire sul rogo.

Pollione
Ah! Ti prendi la mia vita,
Ma di lei, di lei pietà!

*Prenditi la mia vita,
ma abbi pietà di lei.*

Norma
Preghi alfine?
Indegno! È tardi.
Nel suo cor ti vo' ferire,
Sì, nel suo cor ti vo' ferire!

*Implori?
È tardi ormai. Indegno, voglio ferirti
attraverso lei.*

Già mi pasco ne' tuoi sguardi,
Del tuo duol, del suo morire,
Posso alfine, io posso farti
Infelice al par di me!

*Già godo nel vedere il tuo sguardo.
Attraverso il tuo dolore per la sua
morte posso renderti infelice
quanto lo sono io.*

Pollione
Ah! T'appaghi il mio terrore!
Al tuo piè son io piangente!

Accontentati del mio terrore,

In me sfoga il tuo furore,
Ma risparmia un'innocente!
Basti, basti a vendicarti
Ch'io mi sveni innanzi a te!
[…]
Dammi quel ferro!

Norma
Che osi? Scostati!

Pollione
Il ferro, il ferro!

Norma
Olà, ministri, sacerdoti, accorrete!

sfoga su di me il tuo furore ma risparmia lei che è innocente.
Alla tua vendetta basti che io muoia davanti ai tuoi occhi.

Dammi il pugnale!

Come osi?

Il pugnale!

Venite sacerdoti e celebranti.

scena ultima

Norma
All'ira vostra
Nuova vittima io svelo.
Una spergiura sacerdotessa
I sacri voti infranse,
Tradì la patria,
E il Dio degli avi offese.

Rivelo alla vostra vendetta una nuova vittima. Una sacerdotessa infedele ai propri voti ha tradito la patria e offeso il dio degli antenati.

Oroveso e i Duidi sollecitano Norma a fare il nome della colpevole, Pollione la implora di non farlo. Fra lo sgomento di Oroveso e dei Druidi, Norma pronuncia il proprio nome.

Norma
Qual cor tradisti, qual cor perdesti
Quest'ora orrenda ti manifesti.
Da me fuggire tentasti invano,
Crudel Romano, tu sei con me.
Un nume, un fato di te più forte
Ci vuole uniti in vita e in morte.
Sul rogo istesso che mi divora,
Sotterra ancora sarò con te.

Questo terribile momento ti riveli quale cuore hai tradito e perduto. Hai cercato invano di fuggire da me, Romano crudele. Un dio, un destino più forti di te hanno deciso di unirci nella vita e nella morte, sarò con te sul rogo e nella fossa.

Pollione
Ah! Troppo tardi t'ho conosciuta!
Sublime donna, io t'ho perduta!
Col mio rimorso è amor rinato,
Più disperato, furente egli è!
Moriamo insieme, ah, sì, moriamo!
L'estremo accento sarà ch'io t'amo.
Ma tu morendo, non m'abborrire,
Pria di morire, perdona a me!
Che feci, o ciel!

*Troppo tardi ti ho conosciuta
veramente e ora ti ho perduta,
donna sublime. Il rimorso ha fatto
rinascere il mio amore, più disperato
e forte. Moriamo insieme.
Le mie ultime parole saranno
di amore, ma tu morendo non
respingermi. Prima di morire
perdonami. Cosa ho fatto, o dei!*

Oroveso e Coro
Oh! In te ritorna,
Ci rassicura!

*Torna in te,
rassicuraci.*

Norma
Io son la rea.

Io sono la colpevole.

Oroveso e Coro
Canuto padre te ne scongiura,
Di' che deliri, di' che tu menti,

*Il padre dai capelli bianchi ti implora
di dire che stai delirando, che menti,*

Che stolti accenti uscir da te!
Il Dio severo che qui t'intende,
Se stassi muto, se il tuon sospende,
Indizio è questo, indizio espresso
Che tanto eccesso punir non de',
Ah no, che il Dio punir non de'!
Norma! Deh! Norma, scolpati!
Taci? Ne ascolti appena?

che hai pronunciato parole senza senso. Se il dio resta muto e non si esprime col tuono, significa che non deve punire questa follia. Discolpati, Norma. Taci? Non ascolti?

Norma
Cielo! E i miei figli?

E i miei figli?

Pollione
Ah! Miseri! Oh pena!

Infelici. Che dolore!

Norma
I nostri figli?

I nostri figli?

Norma implora il padre di prendersi cura dei figli. La reazione di Oroveso è di rifiuto e condanna, ma poi si commuove e il suo pianto accompagna Norma che sale sul rogo dopo che i Druidi l'hanno velata di nero.

Norma

Deh! Non volerli vittime
Del mio fatale errore!
Deh! Non troncar sul fiore
Quell'innocente età!
Pensa che son tuo sangue,
Abbi di lor pietade!
Ah! Padre, abbi di lor pietà!
[…]
Padre, tu piangi?
Piangi e perdona!
Ah! Tu perdoni!
Quel pianto il dice.
Io più non chiedo. Io son felice.
Contenta il rogo io ascenderò!
[…]

*Ti prego, fa' che non siano vittime
del mio errore fatale.
Non spezzare la loro fanciullezza
in fiore. Abbi pietà di loro che sono
del tuo stesso sangue.
Padre, pietà per loro.*

*Padre, tu piangi? Piangi e perdona!
Il tuo pianto dice che perdoni
e io non chiedo di più, salirò felice
sul rogo.*

Oroveso

Oppresso è il core.
Ha vinto amor, oh ciel!
Ah, sì! Oh, duol! Oh, duol!

*Il cuore è oppresso,
amore ha vinto. Oh, cielo!
Quale dolore,*

Figlia! Ah!   *figlia.*
Consolarm'io mai, ah, non potrò!   *Non potrò mai trovare consolazione.*

[…]

Norma
Padre, ah, padre! Tu mel prometti?   *Me lo prometti, padre?*
Ah! Tu perdoni!   *Tu perdoni!*
Quel pianto il dice.   *Lo dice il tuo pianto.*

Oroveso
Ah! Cessa, infelice!   *Smetti, infelice.*
Io tel prometto, ah, sì!   *Te lo prometto.*
Ah sì! Oh, duol! Oh, duol!   *Quale dolore, figlia.*
Figlia! Ah!
Consolarm'io mai, ah, non potrò!   *Non potrò mai trovare consolazione.*

Coro
Vanne al rogo!   *Va al rogo!*

Oroveso
Va, infelice!   *Va, infelice!*

Norma
Padre, addio!

Padre, addio.

Coro
Vanne al rogo ed il tuo scempio
Purghi l'ara e lavi il tempio,
Maledetta estinta ancor!

*Va al rogo e la tua morte purifichi
l'altare e il tempio, che tu sia
maledetta anche morta.*

Pollione
Il tuo rogo, o Norma, è il mio!
Là più santo
Incomincia eterno amor!

*Moriremo sullo stesso rogo e inizierà
così un amore eterno, più sacro.*

Norma
Padre Addio!

Padre, addio.

Oroveso
Addio!
Sgorga o pianto,
Sei permesso a un genitor!

*Addio.
Sgorga, pianto, a un padre
è concesso di piangere.*

Comprensione

22. Scegli l'affermazione corretta

1. Norma fa risuonare lo scudo sacro
a. per chiamare i Galli alla rivolta.
b. per annunciare la pace.
c. per segnalare la presenza di nemici.

2. Il coro dei Galli
a. esprime il timore della sconfitta.
b. invoca la protezione del dio.
c. esprime la volontà di vendetta e strage.

3. Norma vuole restare sola con Pollione
a. per pregarlo di tornare da lei.
b. per affidargli i figli.
c. per imporgli di andarsene per sempre.

4. Norma minaccia
a. di suicidarsi.
b. di punire Adalgisa.
c. di ucciderlo.

5. Alle sue minacce Pollione
a. reagisce con paura e implora pietà per sé.
b. prega di salvare Adalgisa.
c. le strappa il pugnale e cerca di colpirla.

6. Norma vuole far soffrire Pollione
a. per sete di vendetta.
b. per punire Adalgisa.
c. per placare l'ira del dio.

7. Ai Druidi annuncia
a. che non esiste una colpevole.
b. che la colpevole è una sacerdotessa infedele.
c. che il dio non vuole il sacrificio.

23. Completa

Nel _____ con Pollione Norma dichiara che potrebbe ancora _____ i figli per punirlo con un immenso _____.
Al momento di svelare il nome della _____, Norma sorprende tutti denunciando se _____. Pollione, che aveva temuto per _____, capisce solo ora la grandezza d'_____ di Norma. Sia i Druidi che Oroveso _____ lo spergiuro di Norma e preparano il rogo. Norma non _____ pietà per sé, implora il padre di accogliere i _____ affinché essi non siano vittime _____ della sua colpa. Le lacrime del vecchio sacerdote _____ Norma al rogo.

24. Esprimi una valutazione

1. L'atto è caratterizzato da un alternarsi di momenti in cui vengono alla luce sentimenti molto intimi e momenti in cui esplodono sentimenti violenti. Che funzione assume nel tessuto della tragedia il duetto Norma-Pollione ("In mia man alfin tu sei") rispetto alla parte finale dell'ultima scena?
2. Una delle parole che più spesso vengono pronunciate è "furore". Essa non ha solo valore negativo, ricordiamo il concetto di "eroici furori" nella tragedia e nel melodramma. Che cosa evoca questa parola?

25. Alcune riflessioni generali

1. Richard Wagner amava moltissimo questa opera di Bellini, pur così diversa dalla sua concezione del dramma in musica (*Worttondrama*). Quale può essere un elemento, seppure in qualche modo esteriore, che accomuna *Norma* e i temi wagneriani del *Ring des Nibelungen*?
2. È apparso chiaro dalla lettura del libretto che il linguaggio è lontano dal nostro tempo, ma non si tratta solo del fatto che sono passati più di 170 anni. I libretti mozartiani di Da Ponte, scritti mezzo secolo prima di *Norma*, sono di una modernità linguistica stupefacente. Perché dunque la lingua di Felice Romani è così lontana da quella di oggi?
3. Una domanda che ci poniamo di fronte a questi capolavori del passato riguarda la loro veste scenica. Si può (ed eventualmente come si può) modernizzare *Norma*?

Chiavi

1. Vero o falso?
Vero: a, d, e, g.
Falso: b, c, f.

2. Correggi
Genova → Milano; Rifà → Compone; scarso → grande/notevole; *Beatrice* → *Bianca*; non è favorevole → è molto favorevole; *Beatrice di Tenda* → *La sonnambula*; Londra → Parigi; Nell'autunno → Nella primavera; immediatamente → successivamente/dopo 41 anni

3. Collega le parti di frasi
1.e, 2.g, 3.a, 4.f, 5.c, 6.d, 7.b.

4. Scegli l'affermazione corretta
1.c, 2.b, 3.b, 4.c.

5. Completa
Romani; sfondo; *Norma*; romantici; notturno; druidi; gusto/mondo; *La sonnambula*; reale; inconscio

6. Esprimi una valutazione
La risposta può avere solo carattere personale.

7. Scegli l'affermazione corretta
1.c, 2.b, 3.b, 4.a, 5.c, 6.b, 7.a.

8. Correggi
un'antica leggenda celtica → un dramma francese contemporaneo; *La foresta di Norma* → *La foresta di Irminsul*; non vuole dare → non può ancora dare; Norma → Adalgisa; maledice → libera dai voti; fuggire con → uccidere; davanti a tutti → dopo aver allontanato tutti; Adalgisa → lei stessa; maledice → ammira la sua grandezza

9. Esprimi una valutazione
In entrambi i casi si tratta di risposte di carattere assolutamente personale.

10. Vero o falso?
Vero: b, e.
Falso: a, c, d.

11. Scegli l'affermazione corretta
1.c, 2.a, 3.c, 4.b.

12. Collega le parti di frasi
1.e, 2.g, 3.a, 4.f, 5.c, 6.b, 7.d.

13. Esprimi una valutazione
Risposta indicativa: Il senso del sacro, la ieraticità di Oroveso e Norma, l'impazienza dei Galli, la presenza dell'irrazionale nel sogno di Pollione. Questi sente la minaccia di forze che non riesce forse a dominare; Norma manifesta un animo lacerato fra l'alto compito che le compete e la dolcezza del ricordo, legato però al tradimento di questo compito, venata dal dubbio che il momento magico sia ormai tramontato.

14. Vero o falso?
Vero: c, e.
Falso: a, b, d, f, g.

15. Esprimi una valutazione
Risposta indicativa: Pollione definisce quello di Adalgisa "dio crudel" ed evoca immagini di sangue; a Roma ci sono "dèi migliori", più umani, e "amore e gioia e vita" attendono la fanciulla. E con amore Pollione non si riferisce solo a quello che egli dona a lei, ma a una concezione della vita impostata su valori diversi.

16. Vero o falso?
Vero: c, d, f, g.
Falso: a, b, e.

17. Scegli l'affermazione corretta
1.c, 2.b, 3.c, 4.a, 5.a, 6.b, 7.c.

18. Esprimi una valutazione
Risposte indicative: **1.** Norma è furente con Pollione, non con Adalgisa che vede come una vittima della sua seduzione. Nel terzetto si confrontano l'ira di Norma, doppiamente offesa e ferita, il senso di colpa e la volontà di rinuncia di Adalgisa e l'atteggiamento quasi sfrontato di Pollione che afferma il proprio diritto di amare Adalgisa dimenticando ogni vincolo precedente.
2. Il dibattersi di sentimenti intimi richiede anche un'intimità spaziale; inoltre la dimora di Norma è in qualche modo testimone dell'amore colpevole, acquisisce così anche un significato simbolico.

19. Vero o falso?
Vero: c, d, e, f.
Falso: a, b, g.

20. Correggi
chiederle notizie → affidarle i figli; non tornerà più da lei → certamente tornerà da lei; vendicare → ricordargli; corrono nel prato → sono accanto a lei; vittoria sui Romani → morte; temono → odiano; attaccare il nemico → fingere obbedienza; lui stesso → Clotilde; suona il corno → percuote lo scudo

21. Esprimi una valutazione
Rispose indicative: **1.** Essi hanno una funzione simbolica e il fatto che restino muti sottolinea il loro essere vittime inconsapevoli e innocenti; viene inoltre evitato qualunque sentimentalismo.
2. È l'ultimo momento di intimità che ci svela la natura in fondo fragile di Norma come donna, prima della terribile vendetta a cui la sacerdotessa Norma chiama il proprio popolo.

22. Scegli l'affermazione corretta
1.a, 2.c, 3.c, 4.b, 5.b, 6.a, 7.b.

23. Completa
duetto; uccidere; dolore; colpevole; stessa; Adalgisa; animo; condannano; chiede; figli; innocenti; accompagnano

24 Esprimi una valutazione
Risposte indicative: 1 L'esplosione del furore, della sete di vendetta fa risaltare maggiormente la componente umana, i sentimenti di figlia e di madre di Norma e, infine, la commozione di Oroveso. La tragedia acquisisce in tal modo quella connotazione intima e umana che mancherebbe alla figura "pubblica" di Norma, solo sacerdotessa druidica. –

2 È lo scatenarsi di sentimenti incontrollati, anche
a buon fine, come per gli eroici furori; gli antichi facevano inseguire il colpevole
dalle Furie (il matricida Oreste, ad esempio), affidando loro la funzione punitiva;
il furore qui riassume l'ira, la sete di vendetta, e nasce dal tradimento e dall'offesa
recata alla dignità e all'orgoglio.

25. Alcune riflessioni generali

Risposte indicative: **1.** Oltre alla fattura musicale innovativa, Wagner poté ritrovare
nella storia di Norma quel mondo delle origini germaniche, cupe e furenti, che
egli narrò nell'*Anello del Nibelungo*. Secondo Giorgio Vigolo (articolo citato) Norma
è una specie di valchiria, un'antenata di Brunilde, anch'essa spergiura, che si
sacrifica sul rogo per fedeltà al proprio vero sposo.
2. Si tratta di un linguaggio "alto", adatto alla tragedia classica, che ha bisogno
di tempi e respiro diversi dalla comunicazione quotidiana, per lo più di tono basso.
È un linguaggio adatto ad esprimere "furore".
3. La risposta può essere solo di carattere personale.

Finito di stampare nel mese di aprile 2007
da Guerra guru s.r.l. - Via A. Manna, 25 - 06132 Perugia
Tel. +39 075 5289090 - Fax +39 075 5288244
E-mail: geinfo@guerra-edizioni.com